Cartoons aus dem Börsenblatt

CARTOONS AUS DEM BÖRSENBLATT

Herausgegeben vom Börsenverein des Deutschen Buchhandels
Verantwortliche Redaktion: Hanns Lothar Schütz

Umschlagentwurf: Manfred B. Limmroth

Band XIV

ISBN 3-7657-1553-0
© 1989 Börsenblatt für den Deutschen Buchhandel/Buchhändler-
Vereinigung
Großer Hirschgraben 17–21, 6000 Frankfurt am Main 1
Druck: Main-Echo, Kirsch & Co., 8750 Aschaffenburg

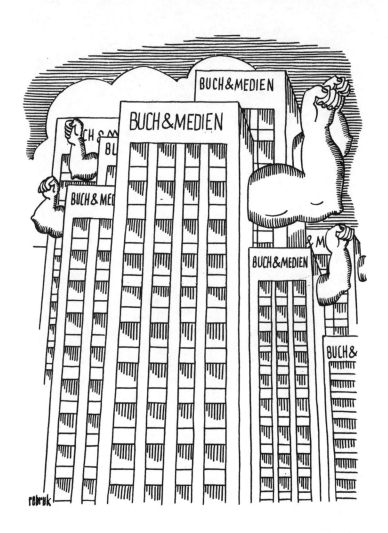

»Riesen«-Gebirge

»Autorenlesungen! Die Leute sind heutzutage so faul, daß sie nicht einmal mehr selbst ein Buch aufklappen mögen«

»Natürlich hat auch das Buchkaufhaus ein Herz für Kleinverlage, aber wissen Sie, diese winzigen Bücherregale, daran mangelt es. Ja, das ist das Problem«

»Nur über meine Leiche. Niemals werden wir so etwas in unserer Buchhandlung verkaufen! Wieviel Kassetten muß man denn minimal abnehmen?«

»Ich möchte Sie dem von mir engagierten Verkaufstrainer vorstellen...«

»Vor dem Europäischen Binnenmarkt habe ich nicht die mindeste Angst: Im Laufe der Jahre habe ich schon mehrfach Kundschaft von auswärts bedient«

»Na, das ist doch weitaus mitreißender, als wenn da nur steht: Buchhandlung Schmidt«

»Es ist ein letzter Versuch, die Ladenhüter loszuwerden«

Unfeine Konkurrenz im Sommerloch

»Leider werde ich nie den Schluß des Krimis erfahren – ab morgen ist mein Auto wieder ganz!«

IVAN STEIGER

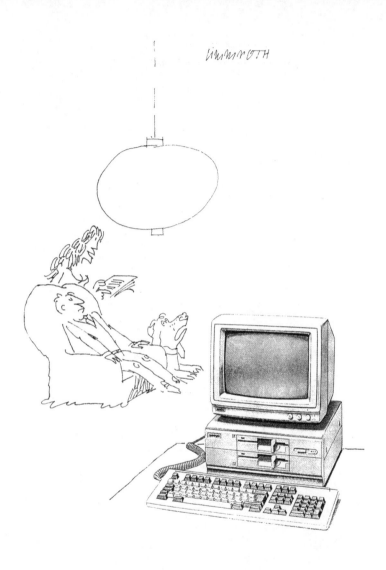

»Du solltest anfangen zu schreiben, dein neuer Schinken steht schon auf der Bestsellerliste«

Das »Herbstmilch«-Syndrom

(Das »Herbstmilch«-Syndrom II): ». . . tun Sie gefälligst, was ich sage! . . . Also: Sie beantragen Titelschutz gemäß Paragraph 16 UWG für die Titel ›Frühlingsmilch‹, ›Sommermilch‹, ›Herbst . . .‹, äh . . . nee . . gibt's ja schon . . . und ›Wintermilch‹!«

»Was mich nach unserer vieljährigen erfolgreichen verlegerischen Arbeit immer noch bewegt, mein lieber Franz, das ist die Frage: Was ist eigentlich Macketing?«

»Es ist phantastisch! – Seit es auf dem Index steht, kommen wir mit dem Ausliefern nicht mehr nach!«

»Nanu, junger Mann – Bücherverbrennungen?«

Da geht auch schon mal einer durch die Lappen

»Nein, Herr Hingsen, die ›Wahre Geschichte‹ Ihrer Fehlstarts interessiert doch keinen Menschen mehr . . ., aber wenn Sie über Ihre jüngste Fußverletzung unter dem Titel ›Satanische Ferse‹ schreiben, garantiere ich Ihnen . . .«

Preisbindung

»Himmel, was mach' ich denn erst, wenn diese Rasselbande volljährig ist?!«

Leseförderung

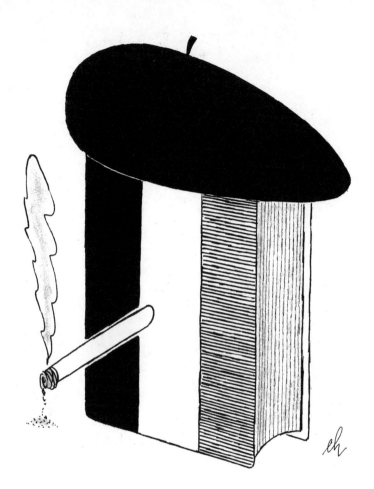

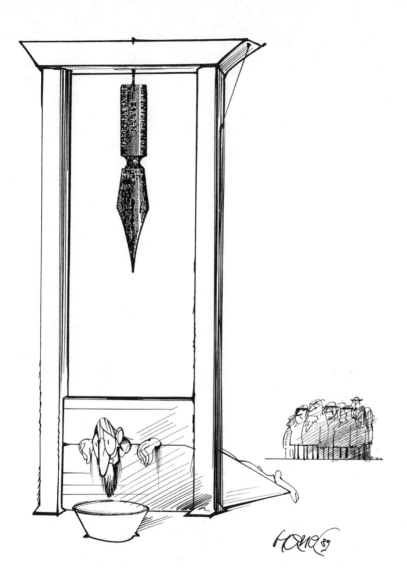

"Nee, im Handel kriegen Sie unsere Bücher natürlich nicht – wir produzieren ausschließlich für die Messe."

"Verstehe"

Die Übersetzungsproblematik

»Die Stadtverwaltung möchte mit Ihnen über Ihre Weihnachtsdekoration reden!«

»Faksimile-Evangeliare Karls des Großen gelten als Weihnachtsrenner mit steigender Tendenz. Kaiser Barbarossa notiert fest, während Heinrich der Löwe in letzter Zeit Einbußen erlitt«

Namen, Anschriften und Kontonummern der in diesem Band vertretenen Cartoonisten.

Walter Hanel
Kastanienallee 11, 5060 Bergisch Gladbach 1
Postgiroamt Köln, Nr. 161240-505, BLZ 370 100 50
7 Prozent MwSt.

Jörg Hilbert
Zweigertstraße 3, 4300 Essen 1
Sparkasse Essen, Nr. 2255040, BLZ 260 501 05

Eberhard Holz
7, Boulevard Gordon Bennett, Villa Patrice
F-06310 Beaulieu sur Mer

Erik Liebermann
Am Rheintal 5, 8110 Hagen-Riegsee
Postgiroamt Stuttgart, Nr. 185548-707, BLZ 600 100 70
7 Prozent MwSt.

Manfred B. Limmroth
Minsbek-Kehre 10, 2000 Hamburg 65
Dresdner Bank Hamburg, Nr. 3302696, BLZ 200 800 00
7 Prozent MwSt.

Reinhold Löffler
Am Anger 6, 8804 Dinkelsbühl

Chlodwig Poth
Neuhaußstraße 11, 6000 Frankfurt 1
Postgiroamt Frankfurt, Nr. 178521-609, BLZ 500 100 60
7 Prozent MwSt.

Rebruk (= Reinhard Kügler)
Luchsweg 53, 5024 Pulheim
Spadaka Pulheim, Nr. 400545014, BLZ 370 696 06

Harald R. Sattler
Am Lindenthaler Hof, 8399 Hötzenham 49
Postgiroamt Köln, Nr. 225725-505, BLZ 370 100 50
7 Prozent MwSt.

Ivan Steiger
Elisabethstraße 5, 8000 München 40
7 Prozent MwSt.

Wolfgang Willnat
Nachtwaidstraße 23, 7805 Bötzingen am Kaiserstuhl
Sparkasse Nördlicher Breisgau, Nr. 44867, BLZ 680 520 25
7 Prozent MwSt.